Uskonpuhdistus 2 piste 0

Kadotettu pelastusoppi

AF210654

1. painos

ISBN 9789524983020

Kustantaja: Books on Demand GmbH, Helsinki, Suomi

Valmistaja: Books on Demand GmbH, Norderstedt, Saksa

ERÄS MERIROSVOPÄÄLLIKKÖ OLI
ANTAUTUNUT JA ENGLANNIN LAIVASTON
TOIMESTA VANGITTU JA HÄNET OLI TUOTU
ENGLANNIN KUNINGATTAREN ELISABETH I
ETEEN. HÄNTÄ ODOTTI KUOLEMANTUOMIO
HIRTTÄMÄLLÄ. MERIROSVOPÄÄLLIKKÖ
PYYSI KUNINGATTARELTA ARMOA.

KUNINGATAR SANOI: "MINÄ ARMAHDAN
SINUT, JOS LUPAAT OLLA LOPPUELÄMÄSI
MINUN KUULIAINEN PALVELIJA."

MERIROSVOPÄÄLLIKKÖ SANOI: "TUO EI OLE
ARMOA."

KUNINGATAR MIETTI HETKEN JA SANOI:
"OLET OIKEASSA. MINÄ ARMAHDAN SINUT.
OLET VAPAA. VOIT MENNÄ."

MERIROSVOPÄÄLLIKKÖ SANOI: "KIITOS.
MINÄ HALUAN OLLA SINUN KUULIAINEN
PALVELIJA ELÄMÄNI LOPPUUN ASTI."

3

SISÄLLYS

1. Johdanto

Tämän kirjan tavoitteena on olla yleistajuinen ja
armokeskeinen tuulahdus uskonpuhdistuksen
hengessä. Kirjan tarkoituksena on toimia osaltaan
päänavaajana pelastusopillisessa keskustelussa.
Tarkoituksena on esitellä osin uusi näkökulma
pelastusopilliseen keskusteluun ja viedä osaltaan
uskonpuhdistusta eteenpäin.

Pelastusopillinen keskustelu on pysähtynyt
asemasotaan. Katoliset seisovat Trentin (1545)
kirkolliskokouksen teesien takana, reformoidut
uskovat TULIP-akronyymiinsä ja korostavat
Jumalan suvereenisuutta, arminiolaiset korostavat
ihmisen vapaata tahtoa ja luterilaiset seisovat

jossain reformoitujen ja arminiolaisten

välimaastossa. Kirkkokuntien ykseyttä ajavien

pääviesti onkin ollut jo vuosikaudet, että puhutaan

muusta kuin pelastusopista. Jotta todellista

lähentymistä voisi alkaa tapahtumaan,

pelastusopista on kuitenkin voitava puhua ja

vieläpä hyvin yleistajuisella tavalla.

Vuonna 1517 Lutherin teeseistä alkanut

uskonpuhdistus ei ole tullut vielä valmiiksi.

Tavoitteena pitää olla, että eri kirkkokunnat

voisivat löytää toisensa myös pelastusopin saralla.

Oppi pelastuksesta eli käsitys siitä, miten ihminen

voi saada iankaikkisen elämän yhteydessä Jumalan

kanssa, on keskeisin oppi.

Tässä kirjassa on tarkoitus esitellä ensin

uskonpuhdistuksen historiallinen konteksti ja

pelastusopillisen keskustelun nykytila

uskontunnustusten muodossa. Tämän jälkeen on

tarkoitus keskustella käsitteistä usko, armo ja

parannuksenteko ja esittää uudenlainen tapa

ymmärtää nämä käsitteet raamatullisessa

kontekstissa. Nämä käsitteet pyritään

ymmärtämään Jumalan päämäärän edellyttämällä

tavalla. Sitten keskustellaan aiheesta, mitä usko

on ja mitä se ei ole. Uskosta erotetaan uskollisuus,

joka on nähtävä eri käsitteenä. Lopuksi

keskustellaan pelastusvarmuudesta, joka on

tärkeä johtopäätös siitä, kun pelastava armo

ymmärretään oikein.

2. Lyhyesti uskonpuhdistuksen historiallisesta taustasta

Lutherin teeseistä käynnistyneestä uskonpuhdistuksesta tulee vuonna 2017 kuluneeksi 500 vuotta. Lutherin käynnistämän uskonpuhdistuksen suuri arvo on siinä, että alettiin opettaa pelastuksen olevan yksin uskosta (sola fide). Luther oli taustaltaan Augustinolainen katolinen munkki ja hän teki suuren työn uskaltaessaan hyökätä katolisen kirkon traditiota vastaan. Luther oli jäänmurtaja, joka rikkoi vuosisataiseen traditioon perustuvan katolisten munkkien yksinoikeuden tehdä teologiaa.

Raamattu käännettiin kansan kielille ja kaikille

säätyyn katsomatta tuli mahdolliseksi opiskella

Jumalan Sanaa itsenäisesti ja riippumattomana

katolisesta traditiosta. Mainittava tässä

yhteydessä on myös sola gratia, sola scriptura,

solus christus ja soli deo gloria. Pelastus on yksin

Jumalan armosta, yksin kirjoitusten mukaan, yksin

Kristuksen täytetyn työn vuoksi ja yksin Jumalan

kunniaksi. Näistä on pelastusopillisesti

tarkoituksenmukaista käydä lävitse lähemmin sola

fide ja sola gratia. Soli deo gloria – ajatus on

osaltaan johtanut reformoidut päätymään oppiin

kahdenkertaisesta predestinaatiosta, koska ajatus

ihmisen jonkinlaisesta osuudesta pelastuksessa on

heidät hämmentänyt.

Reformaatio jakautui Lutherin (ja Calvinin) jälkeen

kahteen pääasialliseen leiriin: Augustinolais-

kalvinistinen leiri ja arminialainen leiri.

Ensimmäisen vaikutusvaltaisimpana puhetorvena

alussa toimi Calvinin seuraaja Theodore Beza ja

jälkimmäisen pääideologina toimi Jacobus

Arminius. Vedenjakajana näiden kahden eri leirin

välillä voidaan perustellusti pitää vuonna 1618-19

Dortissa (lisätietoa ks. esim wikipedia synod of

Dort) Hollannissa pidettyä kirkolliskokousta, jossa

käsiteltiin Arminiuksen seuraajien (remonstrantit)

teesit ja tuomittiin ne harhaoppisiksi. Tässä

kokouksessa muotoutui määritelmä ns. viiden

pisteen kalvinismista vastauksena remonstranttien

teeseille.

Remonstrantit (1610)

- 1) Pelastus on riippuvaista armon

  mahdollistamasta uskosta tai epäuskosta

- 2) Sovitus on kaikille, mutta soveltuu vain

  niille, jotka uskovat

- 3) Ihminen ei ilman PH:ta voi vastata

  Jumalan kutsulle uskolla

- 4) Kaiken hyvän alku, jatkuminen ja

  päätökseen vieminen on Jumalan

  armosta, mutta ihminen voi vastustaa tätä

  armoa

- 5) Ihminen voi vastustaa syntiä armon avulla ja Kristus on voimallinen pitämään hänet lankeamasta, mutta voiko ihminen tehdä armon tyhjäksi, on kirjoituksista tarkemmin tutkittava asiakokonaisuus

Viiden pisteen kalvinismi (Dortin kirkolliskokous 1619)

- 1) Ihminen on täydellisesti turmeltunut (tai kykenemätön). Omaksuttiin Augustinolainen syntikäsitys alkuperäisestä synnistä. Tarvitaan Jumala uudesti synnyttämään ihminen ennen uskoa.

- 2) Sovitus ulottuu vain valittuihin.

- 3) Valinta on ehdoton ja perustuu yksin Jumalan armoon.

- 4) Jumalan armo on vastustamatonta valituille.

- 5) Valitut pysyvät armossa ja pelastuksen tilassa välttämättä.

Yksi vaikutusvaltaisimmista arminiolaisista kautta aikojen on ollut John Wesley, joka vei arminiolaisen teologian sovelluksen pisimmälle ja siitä syntyi myöhemmin metodisteiksi kutsuttu liike.

3. Uskonpuhdistuksen jäljistä nykypäivänä

3.1 Arminiolaisuus nykypäivänä

Arminiolaisuuden yhtenä äänitorvena nykypäivänä voidaan pitää The Society of Evangelical Arminians (SEA), jonka internetsivulta (http://evangelicalarminians.org/statement-of-faith/), (Vierailtu 21.9.2015, käännös englannista JS) on nähtävissä arminiolainen uskontunnustus.

Tässä ei ole tarkoituksenmukaista käydä koko uskontunnustusta lävitse. Riittää hyvin kun kerrataan, miten siinä otetaan kantaa pelastusopin suhteen.

Kohta 4: Me uskomme, että osa Pyhän Hengen

palvelustyötä on kirkastaa Herraa Jeesusta

Kristusta ja tänä aikana vakuuttaa syntisiä,

mahdollistaa heidät uskomaan, uudesti synnyttää

uskova syntinen ja asua, ohjata, opastaa ja antaa

voimaa uskovalle jumaliseen elämään ja

palvelustyöhön.

Kohta 5: Me uskomme, että ihminen luotiin

Jumalan kuvaksi, mutta hän lankesi alkuperäisesti

synnittömästä tilasta tahallisen

tottelemattomuuden ja Saatanan petoksen vuoksi,

joka johti iankaikkiseen tuomioon ja eroon

Jumalasta. *Ihminen ei itsessään* eikä itsestään

ilman Jumalan armoa *kykene* ajattelemaan,

tahtomaan tai tekemään mitään hyvää, mukaan

lukien *uskomaan*. Mutta *edeltävä Jumalan armo*

valmistaa ja tekee mahdolliseksi syntisille ottaa

vastaan ilmainen pelastuksen lahja, joka on

tarjottu Kristuksessa ja hänen evankeliumissaan.

Vain *Jumalan armon kautta voivat syntiset uskoa*

ja siten tulla uudesti synnytetyiksi Pyhän Hengen

toimesta pelastukseen ja hengelliseen elämään.

Jumalan armo tekee myös *mahdolliseksi uskovalle*

uskossa jatkamisen, kuten myös hyvän

ajatuksessa, tahdossa ja teossa siten, että kaikki

hyvät teot tai siirrot, jotka voidaan kuvitella, pitää

lukea Jumalan armon hyväksi.

Kohta 7: Me uskomme, että Jumalan pelastava

armo on vastustettavissa, ja että valinta

pelastukseen perustuu (on ehdollinen) uskolle

Kristukseen, ja että *pysyminen uskossa on*

välttämätöntä lopullisen pelastumisen kannalta.

Näistä kohdista voidaan nähdä, että arminiolaisen

opetuksen mukaan tarvitaan Jumalan edeltävää

armoa valituille, jotta ihminen voisi uskoa. Lisäksi

tarvitaan Jumalan armoa uskossa jatkamiselle ja

että pysyminen uskossa on välttämätöntä

lopullisen pelastumisen kannalta. On

merkillepantavaa, että tälle kysymykselle on

haluttu antaa sijaa myös uskontunnustuksessa.

3.2 Reformoidut nykypäivänä

Augustinolais-kalvinistisen eli reformoiduksi

kutsutun liikkeen yhtenä selkeimmistä

uskontunnustuksista voidaan lukea B.B. Warfieldin

A Brief and Untechnical Statement of the

Reformed Faith, joka löytyy CRTA A Center of

Reformed Theology and Apologetics

http://www.reformed.org/calvinism/index.html?

mainframe=/calvinism/warfield_reformed_theolo

gy.html, Vierailtu 21.9.2015, käännös JS.

Pelastusopin suhteen siinä korostetaan Jumalan

suvereenisuutta ja armoa.

Kohta 5b: ja siihen aikaan asti Jumala tekee työtä

tuoden miehiä ja naisia siihen *valtakuntaan*

yliluonnollisen uudesti synnyttämistyön kautta.

Kohta 7b: ja että Hänellä on täydellisin

suvereenisuus minun suhteeni tehdäkseen minun

kauttani, minulle tai minusta mitä ikinä haluaa.

Kohta 8a: Uskon, että Jumala iankaikkisuudesta

käsin viisaimmalla ja pyhimmällä tahdollaan

vapaasti ja *muuttumattomasti määräsi* mitä tulee

tapahtumaan, kuitenkin niin, että Jumala ei ole

synnin alkuperä eikä myöskään luodun tahtoa

pakoteta

Kohta 10b: Siten minun ainoa toivoni pelastua on

siinä, että Kristus toisena Aatamina on pitänyt

liiton varmistaen sen palkkion *valituille, joihin*

armosta lukeudun.

Kohta 12: Uskon, että Jumala ei ole jättänyt

maailmaa katoamaan synnissään, vaan suuresta

rakkaudesta, jolla Hän on sitä rakastanut, Hän on

kaikesta iankaikkisuudesta *armollisesti valinnut*

itselleen suuren joukon, jota kukaan ihminen ei

voi laskea, pelastaakseen heidät synneistään ja

surkeudestaan, ja heistä rakentaa uudelleen

maailmaan Hänen vanhurskautensa valtakunta,

jossa voin olla *vakuuttunut* saavani osani, *jos*

pysyn tiukasti Kristuksessa Herrassa.

Augustinolais-kalvinistinen opetus korostaa

Jumalan yksipuolista määräysvaltaa sen suhteen,

ketkä pelastuvat. Ihmiset joko lukeutuvat armosta

valittujen joukkoon tai eivät. Armoa eivät voi

valitut vastustaa. Opetus kuitenkin tekee

vakuuttumisen pelastuksesta ehdolliseksi eli

uskova ei voi olla varma pelastuksestaan. Opetus

ohjaa uskovia tarkkailemaan pysymistään

Kristuksessa ja siten vanhurskauden hedelmien

tuottamisessa.

3.3 Yhteenvetoa protestanttisista

pelastusopeista

Augustinolais-kalvinistista liikettä luonnehtii vahva

usko Jumalan suvereenisuuteen ja arminiolaista

liikettä luonnehtii vahva usko ihmisen vapaaseen

tahtoon. Kumpikaan liike ei ole kyennyt

koherentisti liittämään yhteen näitä käsitteitä.

Luterilaiset ovat armonkäsityksessään lähempänä

arminiolaista kuin kalvinistista liikettä.

Kristinuskon ydinoppien osalta protestantit ovat

yksimielisiä. Molempien edellä mainittujen oppi

Kristuksesta perustuu käsitykselle

yksipersoonaisesta Jumala-ihmisestä, joka siis on

yhtaikaa täydellinen Jumala ja täydellinen ihminen

(hypostaattinen unioni). Molemmilla on myös

käsitys kolmiyhteisestä Jumalasta; Isä, Poika ja

Pyhä Henki. Molemmat uskovat myös

lähtökohtaisesti Raamatun alkuperäiseen

erehtymättömyyteen. Jäljelle jää oppi

pelastuksesta, jonka osalta käsitykset eroavat

dramaattisesti ja yhteen sovittamattomasti.

Tämän kirjan tarkoituksena on löytää

pelastusopille tarkempi määritelmä, jonka sisällä

voisi vallita kristittyjen ykseys.

4. Kadotettu pelastusoppi

4.1 Pelastusopin osatekijät

Seuraavaksi on tarkoitus keskustella

pelastusopista ja sen yleisesti tunnustetuista

osatekijöistä 1) armosta, 2) uskosta ja 3)

parannuksen teosta ja yrittää löytää niistä

yhteinen käsitys. Ensin tehdään esitys

osatekijöiden ymmärtämisestä uudella

yhtenäisellä tavalla. Tämän jälkeen perustellaan

näkemys Jumalan Sanassaan ilmaisemallaan

päämäärällä. Sen jälkeen käydään lävitse, mitä

tästä näkökulmasta tarkasteltuna sana opettaa

siitä, miltä usko pelastaa ja toisaalta siitä, miltä

uskollisuus pelastaa. Tämä erottelu on tärkeätä

tehdä. Sitten käydään lävitse, mitä sana opettaa

pelastusvarmuudesta. Syytä on tässä yhteydessä

käydä myös koko joukko sananpaikkoja, joita on

kalvinistisessa ja arminiolaisessa perinteessä

tulkittu opettavan pelastusvarmuutta vastaan.

4.2 Yksin uskosta (sola fide)

Pelastus on yksin armosta yksin uskon kautta

saatava lahja Jumalalta (Ef. 2:8-9). Jotta tämän

väittämän voisi ymmärtää, on määriteltävä, mitä

ja missä on usko. Kirkkoisä Augustinus toi

mukanaan omaksumansa uusplatonistisen

ihmiskäsityksen ohjaamaan aikansa ja myös

seuraajiensa teologista ajattelua ja siitä johtui se,

että alettiin laajasti ajatella, että ihminen on täysin

turmeltunut lankeamisessa eikä kykene uskomaan

todeksi evankeliumia ilman, että Jumala hänet

ensin uudesti synnyttää (oppi ihmisen

täydellisestä turmeltuneisuudesta). Tämä

johtopäätös on kuitenkin koeteltava, sillä ihmisen

uskolla on sanassa suuri osuus pelastuksen

edellytyksenä. Miksi Jumala edellyttäisi uskoa

ihmiseltä, joka ei määritelmän mukaan voi uskoa?

Jumalan on tässä tapauksessa myös uskottava

ihmisen puolesta ja annettava ihmiselle lahjaksi

oma uskonsa itseensä. Tässä yhteydessä on

tarkasteltava pelastavan uskon sisältöä, mitä se on

ja mitä se ei ole.

Pelastuminen ei voi perustua ihmisen tahtoon tai

kuuliaisuuteen tai uskollisuuteen mitenkään.

Kristus täytti kaikki kuuliaisuusvaatimukset

ihmisten puolesta ja ihmiset saavat osakseen

iankaikkisen elämän, kun uskovat Kristukseen. Jos

joku väittää toisin, hänen pitää selittää myös

minkä verran omaa pyhyyttään hän katsoo

tarvittavan lisäksi Kristuksen äärettömään

pyhyyteen, jotta hän voisi pelastua. Uskon käsite

itsessään lienee väärinymmärretyin käsite

raamatussa. Yhtään helpommaksi asian

ymmärtäminen ei tule senkään vuoksi, että sama

kreikan kielen sana *pistis* tarkoittaa uskon lisäksi

myös uskollisuutta. Myöhemmin määritellään,

mitä Raamatussa tarkoitetaan pelastavalla uskolla

ja pelastavalla uskollisuudella.

Kalvin oli Augustinolainen munkki, ja omaksui

Augustinuksen dualistisen ihmiskäsityksen ja opin

täydellisestä turmeltuneisuudesta. Tämän vuoksi

augustinolais-kalvinistinen tulkintaoppi selittää,

että Jumala on ennalta valinnut ja määrännyt ja

uudesti synnyttänyt valittunsa, jotka eivät voi

vastustaa tätä armoa. Koska tämä teologia johtaisi

melko deterministisiin sovelluksiin, säädettiin

reformoitua vanhurskauttamisoppia kuitenkin

hieman. Kristityn tulee reformoidussa traditiossa

etsiä vanhurskauden hedelmiä elämässään, ja

mikäli jossain vaiheessa lakkaa niitä löytämästä,

hän voi tehdä johtopäätöksen, että hän on ollut

valheuskossa eikä siis ollutkaan valittu. Vastaavasti

arminiolainen leiri tulkitsee, että ihminen on niin

turmeltunut, että Jumalan on annettava ns.

edeltävä armo, jotta ihminen voi saada uskon. He

kuitenkin opettavat, että ihmisen on pysyttävä

uskossa (=uskollisena) elämänsä loppuun asti,

jotta saisivat iankaikkisen elämän.

Luterilaiset uskovat, että ihminen saa armon

sakramenttien kautta ns. edeltävän armon ja siten

kyvyn tai lahjan uskoa. Luterilaisetkin uskovat,

että ihminen voi luopua uskosta ja kasteen

armosta vapaalla tahdollaan eli toisin sanoen

asettavat pelastumiselle ihmisen tahdonalaisen

uskollisuusedellytyksen.

4.3 Yksin armosta (sola gratia)

Käytännössä sekä augustinolais-kalvinistinen että

arminiolainen leiri tulkitsevat armon samoin kuin

Kuningatar Elisabeth I alussa kuvatussa

esimerkissä. Molemmat edellyttävät armon

saajalta jonkinlaista sitoutumista ennen tai

jälkeen. Kun ajatellaan, että Jumalan tavoitteena

on tehdä uskovista Kristuksen kaltaisia, olemaan

täynnä armoa, totuutta ja rakkautta, on tärkeätä

ymmärtää armo oikein. Jotta uskova voi alkaa

kasvamaan ehdottomassa rakkaudessa (agapé),

on hänen oltava täysin vapaa kaikista

sitoumuksista. Kukaan ei voi rakastaa ehdoitta

ellei ole itse rakastettu ehdoitta. Esimerkin

merirosvopäällikkö sai osakseen armon ilman

minkäänlaisia ehtoja. Tämän seurauksena hän oli

täysin vapaa ja vailla mitään ulkoista pakkoa hän

halusi olla uskollinen armahtajalleen. Tämän

voimakkaampaa sitoutumista ei ole olemassa.

Jumala etsii ja odottaa juuri tällaista sitoutumista

lapsiltaan. Jumala ottaa harkitun riskin

vapauttaessaan häneen uskovat ilman ehtoja,

mutta vastineeksi hän saa valtavan kunnian

jokaisesta, jonka voittaa omakseen.

Jos tulkittaisiin Jumalan armoa samalla tavalla kuin

kuningatar edellisessä esimerkissä aluksi teki,

syntyisi vain pakotettuun tai ulkokohtaiseen

kuuliaisuuteen kykeneviä ihmisiä. Onhan sekin

hienoa, mutta olisiko siinä mitään niin ihmeellistä.

Mikä merkitys oli lopulta Jumalan Pojan uhrilla

tässä tapauksessa?

4.4 Parannuksen tekeminen selittää

pelastavan uskon sisältöä

Kielellisesti oman haasteensa tuo kreikan kielen

sanan *metanoia* käyttäminen englannin ja suomen

kielissä. Suomen kielessä tämä verbi usein

käännetään sanaparilla tehdä parannus (engl.

repent). Sana kuitenkin viittaa alun perin kreikan

kielessä uudistumiseen mielen uudistumisen

kautta. Usko on ihmisen mielessä tapahtuva asia,

ei tahdon asia. Ihminen voi kyllä tahdollaan estää

itseään kuulemasta evankeliumin todistusta ja

siten tulemasta siitä vakuutetuksi mielessään.

Mutta ihminen ei voi tahdollaan uskoa eli pitää

mielessään evankeliumin todistusta totena.

Uskominen on eri asia kuin uskomisen

tahtominen. Uskomisen tahtominen ei ole

sinällään paha asia, siitä kun usein seuraa, että

ihminen tulee uskoon, kun hän kuulee Kristuksen

sanaa (Room. 10:17). Kun ihminen tekee

parannuksen, hän uudistuu mieleltään ja alkaa

pitämään mielessään totena evankeliumin

todistusta. Tämän ihmisen mielessä tapahtuvan

uudistumisen Jumala näkee ennalta ja uudesti

synnyttää (Joh. 3:3) tällaisen ihmisen ja antaa

hänelle voiman tulla Jumalan lapseksi (Joh 1:12) ja

sinetöi hänet Pyhällä Hengellä (Ef 4:30) ja antaa

moninkertaisen vakuutuksen, että ei hukkaa

tällaista ihmistä kädestään (Joh. 10:28-29).

5. Jumalan päämäärän todistus

5.1 Rakkauden päämäärä on rakkaus

Mitä voidaan tässä yhteydessä päätellä Jumalan

päämäärästä? Jumalan eli rakkauden päämääränä

on luoda persoona täynnä rakkautta eli toisin

sanoen luoda ihminen omaksi kuvakseen ja

kaltaisekseen (2. Kor. 3:18). Paavali kirjoittaa

roomalaisille (Room 8:28), että kaikki vaikuttaa

yhdessä niiden parhaaksi, jotka rakastavat

Jumalaa. Mitä tässä tarkalleen ottaen taataan?

Vaikuttavatko kaikki yhdessä niiden parhaaksi,

jotka uskovat vai niiden parhaaksi, jotka

rakastavat? Teksti viittaa siihen, että kaikki

vaikuttaa yhdessä niiden parhaaksi, jotka

rakastavat Jumalaa. Ihmisillä on erilaisia

rakkauden kieliä. Jotkut tunnistavat tulevansa

rakastetuiksi, kun heidän kanssaan vietetään

aikaa, tai kun saavat lahjoja tai kun tulevat

kosketetuiksi. Jumalan rakkauden kieli on hänen

käskyjensä pitäminen (Joh. 14:15). Ihmiset voivat

pitää Jumalan käskyn eli rakastaa toisiaan niin kuin

itseään vain luottamalla täysin Totuuden Henkeen

(Joh. 14:16-17). On tärkeätä huomata, että Pyhä

Henki on mainittuna Roomalaiskirjeen 8 luvussa

yhteensä 21 kertaa. Totuuden Henkeen

luottaminen ei edellytä ihmisiltä mitään omia

tekoja. Vain asennetta luottaa uskon kautta täysin

Isä Jumalaan samalla tavoin kuin Jeesuskin teki.

Jumalan Henki johdattaa ihmisiä edellä

valmistetuissa hyvissä teoissa. Jumala on edellä

suunnitellut kaiken täydellisesti ja täydelliseksi.

Vaikka usein sanotaan, että hyvin suunniteltu on

puoliksi tehty, niin nyt voidaan sanoa, että hyvin

suunniteltu on valmiiksi tehty. Kun ihmiset

hyväksyvät Jumalan suunnitelman täydellisenä

ohjenuorana elämässään, elämä ikään kuin

tapahtuu itsestään heidän edessään. He suostuvat

jatkuvasti siihen, mihin Jumalan Henki heitä ohjaa;

he ottavat ristinsä joka hetki ja vaeltavat

epäitsekkään esikuvansa jäljessä askel askeleelta.

Kaikki tapahtuu ikään kuin itsestään, ilman

kenenkään työtä tai tekoja, sillä kaikki suostuvat

vapaaehtoisesti kantamaan sen kevyen ikeen, jota

Jeesus seuraajilleen tarjoaa (Matt. 11:28-30).

5.2 Totuudellinen todellisuuskäsitys

Ihmiset voivat uskon kautta ja Totuuden Hengen

opastamana nähdä todellisuuden samalla tavoin

kuin Jeesus näki uskon kautta. Hän näki, että

kaikki toiset ihmiset ovat (ainakin potentiaalisesti)

samaa ruumiista ja ykseyttä kuin Hän itse on. Sen

vuoksi Hän rakasti toisia ihmisiä niin kuin itseään.

Hän uskoi Isää, jonka tahdon salaisuus on, että

Hän on yhdistävä kaikki yhdeksi Kristuksessa (Ef.

1:10). Hän kutsuu kaikki ihmiset ottamaan tämän

saman ikeen eli uskon, joka hänellä itsellään oli

(Matt. 11:28-30) ja Hän mainostaa, että Hänen

kuormansa on kevyt ja sielulle sopiva. Tästä voisi

päätellä, että ihmiset on luotu ykseyteen toistensa

kanssa ja heidän sielunsa on rakennettu niin, että

sen osa-alueet löytävät levon ykseydessä. Sielut

ovat jatkuvassa stressitilassa, kun ihmiset joutuvat

elämään elämäänsä individualistisessa

näkökulmassa.

Mitä sitten tarkoittaa Room 8:28? Mitä ihmiset

saavat vastineeksi, kun rakastavat Jumalaa?

Jumala varmaankin ennakoi, että ihmiset tulevat

myöhemmin arvostamaan asioita enemmän

yhdessä Hänen näkökulmastaan tarkastellen.

Jumalan näkökulmasta ihmiset muodostavat siis

yhden yhteisen merkityksen toisten ihmisten

kanssa eli toisin sanoen ykseyden. Tästä

näkökulmasta tärkeämmäksi, kuin mitä ihmiset

itse saavat, tulee se, minkälaisia ihmiset ovat

suhteessaan toisiin ihmisiin. On ilmeistä, että

ihmisistä tulee pitkämielisiä ja lempeitä, ei

kadehtivia tai kerskailijoita tai pöyhkeilijöitä tai

sopimattomasti käyttäytyviä tai katkeria tai

kärsimänsä pahan muistajia tai vääryydestä

iloitsevia vaan totuudesta iloitsevia, kaiken

peittäviä ja kärsiviä (1 Kor. 13:4-7). Ihmisistä tulee

puita täynnä Hengen hedelmiä rakkaus, ilo, rauha,

pitkämielisyys, ystävällisyys, hyvyys, uskollisuus,

sävyisyys ja itsehillintä (Gal. 5:22-23). On tietenkin

ilmeistä, että jos ihmiset saavat vaeltaa elämänsä

yhdessä ystäviensä kanssa, jotka ovat täynnä näitä

ominaisuuksia, he tulevat olemaan siunatut. Vielä

enemmän arvokkaampana voidaan kuitenkin

nähdä ihmisten täysin puhdas motivaatio rakastaa

täydellisestä vapaudesta käsin Jumalaa niin paljon,

että he voivat antaa Hänen täyttää heidät

ehdottomalla rakkaudella lähimmäisiään kohtaan.

Iankaikkisuus yhdessä Jumalan kanssa, joka on

olemukseltaan itse ehdoton rakkaus ja totuus ja

toisten ihmisten kanssa, jotka ovat antaneet

Jumalan täyttää heidät rakkaudellaan, tulee vain

olemaan vielä täydellisempää.

5.3 Voitto synnistä

Jumalan päämääränä on myös voitto synnistä eli

ihmisten vapauttaminen elämään ykseydessä.

Voidaan ajatella ihmisryhmää jo tänä

(langenneena) aikana. Ideaalitilanteessa ihmisten

kannattaisi palvella toinen toisiaan asettamasta

toisilleen mitään ehtoja, kuten "palvelen sinua, jos

sinä palvelet minua". Koska ihmiset ovat

langenneet pois Jumalan näkökulmasta, he eivät

enää näe olevansa yhtä. Heidät on pakotettu

asettamaan ehtoja palvelutyölleen. Tästä seuraa,

että ihmiset tarvitsevat välilleen jonkin

järjestelmän hallita epäluottamustaan (rahan).

Raha pakottaa ihmiset ohjautumaan ahneuden

periaatteen mukaisesti. Ihmiset palvelevat

toisiaan kun on pakko. Talous kasvaa niin kauan

kun ahneudella riittää rahkeita. Ajatus siitä, että

jotkut ihmiset irrottautuisivat tästä

oravanpyörästä ja alkaisivat palvelemaan toisia

ihmisiä asettamatta palvelulleen mitään ehtoja,

tuntuu todellisuudelle vieraalta. Heidän

motivaationsa palvella ei olisikaan

rahajärjestelmän pakottamana ahneus, vaan

lähimmäisen rakkaus. Todellinen haaste heidän

elämälleen maailmanjärjestelmässä tulisi siinä

vaiheessa, kun heillä ei olisi rahaa ostaa

tarvitsemiaan palveluja. He olisivat täysin

riippuvaisia toisten ihmisten lähimmäisen

rakkaudesta. Vain todella nöyrä ihminen kykenee

olemaan täysin riippuvainen toisten ihmisten

lähimmäisen rakkaudesta. Maailman

järjestelmästä on erittäin vaikeata irrottautua ja

kuitenkin raamattu kehottaa ja rohkaisee meitä

tekemään juuri niin (Matt. 6:24-25). Paavali

kirjoittaa Filippiläisille, että nämä loistavat kuin

tähdet maailmassa kieron ja turmeltuneen

sukupolven keskellä, kun elävät todeksi elämän

sanan (Fil 2:15-16). Lähimmäisen rakkauden

eläminen todeksi maailmassa on parasta

mahdollista evankeliointia.

Aina kun ihmiset tekevät jotakin sen vuoksi, kun

kokevat, että heidän on pakko niin tehdä, he

tekevät syntiä ja tulevat johtaneeksi tekojensa

motivaation Paholaisesta (1. Joh. 2:8), jota

voidaan tässä yhteydessä kutsua Pakon Herraksi.

Jumalan Poika ilmestyi, teki tyhjäksi Paholaisen

teot ja vapautti ihmiset vapauteen (Gal. 5:1).

Jumala tietää hyvin, että ihmiset tulevat vielä

tekemään syntiä, sillä Pakon Herra on voimallinen

eksyttämään vaikka koko maailman. Ihmisillä on

kuitenkin mahdollisuus pitää tilivälit lyhyenä ja

tunnustaa Jumalalle syntinsä, niin hän antaa heille

heidän syntinsä anteeksi ja puhdistaa heidät

kaikesta vääryydestä (1. Joh. 1:9). Syntien

tunnustaminen rukouksessa Isälle on erittäin

tärkeää. Se on sama kuin pääsisi käymään likaisen

työn tekemisen jälkeen suihkussa. Ihmisille on

tärkeätä nähdä itsensä Jumalan silmin täysin

puhtaina, uudistuneina totuuden vanhurskauteen

ja pyhyyteen (Ef. 4:24), jotta he olisivat täysin

valmiita palvelustyöhön (Ef 4:12).

5.4 Opetuslapseuden tie

Mitä uudestisyntyneen Jumalan lapsen, joka

haluaa ottaa ristinsä ja seurata Herraansa (Matt.

16:24), kannattaa tehdä? Ja mitä ylipäänsä

tarkoittavat Jeesuksen sanat: "Jos joku tahtoo

kulkea minun perässäni, hän kieltäköön itsensä,

ottakoon ristinsä ja seuratkoon minua."? Jeesus

tekee selväksi asiayhteydessä, että ihmisen sielu

on arvokkaampi kuin hänen ajallinen elämänsä.

Investointi sieluun tehdään näillä Jeesuksen

sanoilla monin verroin kannattavammaksi kuin

ajallisen elämän turvaaminen. Itsensä kieltäminen

on elämistä siitä käsin, että on täällä

palvelemassa, ei palveltavana. Ristin ottaminen

viittaa siihen, että ihminen elää elämänsä

Jeesuksen tavoin uskoen elämänsä täysin Isä

Jumalan käsiin ja on valmiina uhraamaan

elämänsä lähimmäisen rakkauden tähden. Kun

ihminen tekee nämä kaksi valintaa elämässään,

hän seuraa Jeesusta elämässään. Mitä siis

Jeesuksen seuraajan kannattaa tehdä? Ensinnäkin

on hyvä varmistaa, että on voinut täydellisestä

vapaudesta käsin päättää seurata Jeesusta

elämässään tiedostaen asemansa Jumalan lapsena

armosta uskon kautta (Ef. 2:8-9). Asemaansa

uudestisyntyneenä Jumalan lapsena (Joh. 1:12) ei

voi menettää, vaikka päättäisikin olla seuraamatta

Jeesusta maanpäällisen vaelluksensa aikana.

Valinnalla on seurauksensa kyllä Kristuksen

tuomioistuimella (2. Kor. 5:10, 1 Kor. 3:13-15) ja

myös maallisen vaelluksen aikana ja vielä

tulevassa iankaikkisuudessa. Mutta ei kuitenkaan

enää kadotustuomiota. Vain täydellisen vapaaksi

tehty ihminen voi tehdä vapaan valinnan rakastaa

ehdoitta Jumalaa ja seurata Kristusta.

Ehdonalaisesti vapautettu ihminen voi tehdä

enintään ehdollisen valinnan rakastaa Jumalaa ja

seurata Kristusta. Ja ehdollinen valinta ei kelpaa

Jumalalle eikä Kristukselle. Jumala ei tunne

käsitettä ehdollinen rakkaus. Kristukselle ei kelpaa

ehdollinen seuraaminen (Matt. 10:38). Kun

otetaan tämä kaikki huomioon, mitä voidaan enää

sanoa? Kannattaako uudestisyntyneen Jumalan

lapsen rakastaa lähimmäistään niin kuin itseään?

Vai kannattaako hänen mukautua maailman

menoon ja johtaa motivaationsa Pakon Herrasta,

joka on vanginnut koko maailman toteuttamaan

tahtoaan? Uudestisyntyneen Jumalan lapsen, joka

rakastaa Jumalaa, kannattaa luottaa ehdottomasti

ja järkähtämättömästi joka hetki Jumalan Sanan

lupaukseen, jonka mukaan kaikki yhdessä

vaikuttavat niiden parhaaksi, jotka Jumalaa

rakastavat (Room 8:28).

6. Mitä raamatussa tarkoitetaan sanalla

usko?

6.1 Uskon olemus

Usko on sitä, mitä ihminen mielessään pitää

totena. Usko on totuudellinen todellisuuskäsitys,

joka perustuu sille, että ihminen mielessään

hyväksyy autoritääriseksi ja luotettavaksi tiedon

lähteeksi Kristuksen sanan.

Uskolla täytyy olla oikea kohde, jotta se voisi olla

pelastava usko. Uskolle ei ole asetettu kovinkaan

korkeita laatuvaatimuksia evankeliumeissa. Jos

henkilö uskoo siihen, että Jeesus oli Kristus ja

Jumalan Poika, niin Johanneksen evankeliumin

tavoite (20:31) on täyttynyt.

Hepr 11:1,3 "Usko on luja luottamus (*hypostasis*)

siihen, mitä toivotaan, varmuus (*elenchos*) siitä,

mikä ei näy. ... Uskon kautta me ymmärrämme

(*nooumen*), että maailmat on tehty Jumalan

sanalla, niin että se, mikä nähdään, ei ole syntynyt

näkyvästä." Nämä sanat liittävät uskon ihmisen

mieleen, ei tahtoon.

Rm 10:17 "Usko tulee siis kuulemisesta, mutta

kuuleminen Kristuksen sanan kautta."

Joh. 6:40 "Minun isäni tahto on, että jokaisella,

joka näkee (theoreo) Pojan ja uskoo häneen, on

iankaikkinen elämä."

Joh. 20:31 "... että te uskoisitte Jeesuksen olevan

Kristus, Jumalan Poika..."

Joh. 3:14-15 "Ja niin kuin Mooses korotti

käärmeen autiomaassa, niin on Ihmisen Poika

korotettava, että jokaisella, joka uskoo häneen,

olisi iankaikkinen elämä."

Näistä sananpaikoista on nähtävissä, että

iankaikkisen elämän tuottavalla pelastavalla

uskolla ei ole tekemistä ihmisen tahdon kanssa.

Usko on ihmisen mielessä tapahtuva asia.

Uskollisuus on tahdon asia, mutta siinä onkin

kysymys opetuslapseudesta eikä pelastuksesta.

6.2 Missä usko on ihmisessä ja mistä se tulee?

Usko eli todellisuuskäsitys sijaitsee ihmisen

mielessä. Ihmisen mielessä oleva

todellisuuskäsitys kehittyy oppimisen tuloksena.

Oppimista tapahtuu siten, että mieli vastaanottaa

uutta informaatiota, reflektoi sitä ja korjaa sen

perusteella todellisuuskäsitystään. Ihmisen

mielestä erillään sijaitsee ihmisen tahto. Ihminen

ei voi tahdollaan suoraan ohjata sitä, mitä pitää

mielessään totena. Ihminen voi tahdollaan vain

epäsuorasti vaikuttaa oppimiseen. Tahdolla ei ole

osaa uskon kanssa. Tahdollaan ihminen voi kyllä

säädellä uskollisuuttaan, mutta usko ja uskollisuus

ovat eri asioita.

6.3 Yleisiä käsityksiä uskosta

1) Ratkaisukristillisyyden eri muodot

    a. Pelastava usko sisältää

       volitionaalisen suhteen

       synnyttämistahdon Jumalaan.

    Tämä väite ei perustu Raamattuun, sillä

    Raamatun mukaan suhteen

synnyttäminen perustuu yksin Jumalan

tahtoon (vrt yksipuolinen liitto Abrahamin

kanssa). Ihmiseltä ei edellytetä

minkäänlaista kuuliaisuuden osoitusta (ts.

tahdon käyttöä) pelastuksen ehtona,

ainoastaan uskoa. Raamatussa ei ole

ainoatakaan jaetta, jossa todettaisiin, että

ihmisen pelastuminen olisi kiinni ihmisen

tahdosta. Päinvastoin esim. Room 9:16

"Kysymys ei siis ole siitä, mitä ihminen

tahtoo tai mihin hän pyrkii, vaan

Jumalasta, joka armahtaa." ja Joh. 15:16

"Ette te valinneet minua, vaan minä

valitsin teidät...". Ihminen pelastuu yksin

Jumalan armosta, uskon kautta.

b.   Uskon ratkaisu

Ihmisen pitäisi uskon lisäksi tehdä ns.

uskon ratkaisu, päätös alkaa seuraamaan

Jeesusta, tunnustaa syntinsä ja pyytää

niitä anteeksi ja pyytää Jeesusta tulemaan

sydämeensä. Nämä teot ja valinnat

liittyvät opetuslapsena vaeltamiseen

eivätkä ole Raamatun mukaisia

pelastuksen edellytyksiä.

2)   Uskon hyppy (*Kierkegaard*)

Ihmisen usko perustuu hänen tahtoonsa uskoa

johonkin, mihin hän ei mielessään usko. Näin

ei voi olla, sillä tällöin ihmisen usko kohdistuisi

hänen omaan uskoon itsessään eikä siis

oikeaan kohteeseen eli Kristukseen.

6.4 Uskon esikuvia

Abraham

1. Ms 15:6 "Abram uskoi Herraa, ja Herra luki sen

hänelle vanhurskaudeksi." Abram tuli osapuoleksi

Jumalan yksipuoliseen tahtoon perustuvaan

ehdottomaan liittoon, jonka perillisiksi ihmiset

tulevat uskon kautta (Gal. 3:6-8). Abramilta ei

kysytty tahtoa (hän nukkui) liittoa solmittaessa.

Samoin ei muiltakaan kysytä; vain uskoa.

Tuomas

Epäuskon rohkaiseva esimerkki. Joh. 20:29 "...

Koska näit minut, sinä uskot. Autuaita ne, jotka

uskovat, vaikka eivät näe." Tuomas uskoi

Jeesukseen, koska oli ollut kolme vuotta Jeesuksen

johtamassa raamattukoulussa, ja oli nähnyt

Jeesuksen tekemät messiaaniset ihmeet,

kuoleman ja ylösnousun. Tuomakselta ei kysytty

tahtoa uskoa. Hän uskoi, kun sai mielestään

riittävät todisteet ja vakuuttui asiasta mielessään.

Näistä uskon esikuvista voidaan nähdä, että usko

ei ole ihmisten tahdolla päätettävissä oleva asia.

Usko on mielessä tapahtuvaa vakuuttumista.

6.5 Mitä Raamatussa tarkoitetaan käsitteellä

uskollisuus?

Jaak. 2:14 "Veljeni, mitä hyötyä siitä on, jos joku

sanoo, että hänellä on usko, mutta hänellä ei ole

tekoja? Ei kai usko voi pelastaa häntä?" Jaakob

kirjoittaa uskovien tuomioistuimesta eli Kristuksen

tuomioistuimesta (beema), joka käy ilmi selvästi

asiayhteydestä (2:12 "...tuomitaan vapauden lain

mukaan."; 3:1 kovempi tuomio opettajille). Tälle

tuomiolle tulevat kaikki Jumalan lapset (2 Kor

5:10, 1 Kor 3:12-15). Tällä tuomiolla ei ketään

tuomita kadotukseen, sillä kadotus ei ole Jumalan

lapsen osa. Tuomiossa on enemmän kysymys

arvioinnista, palkitsemisesta ja

vastuunjakamisesta.

Uskollisuuden päämäärä on kasvaa ja kypsyä

taivaskelpoisiksi. Ef 1:9-10 "Hän on ilmoittanut

meille tahtonsa salaisuuden siitä armotaloudesta,

jonka hän oli suunnitellut ja nähnyt hyväksi

toteuttaa aikojen täyttyessä: hän oli yhdistävä

Kristuksessa yhdeksi kaiken, mitä on taivaissa ja

maan päällä." 1 Ms 1:27 "Niin Jumala loi ihmisen

omaksi kuvakseen. Jumalan kuvaksi hän loi hänet,

mieheksi ja naiseksi hän loi heidät." 2 Kor 3:18

"Me kaikki, jotka peittämättömin kasvoin

katselemme Herran kirkkautta kuin kuvastimesta,

muutumme saman kuvan kaltaisiksi kirkkaudesta

kirkkauteen, niin kuin muuttaa Herra, joka on

Henki." Jumala on ensin voittanut ihmisen

täydellisen luottamuksen ehdottomalla

rakkaudellaan. Ihminen rakastaa Jumalaa takaisin

pitämällä Hänen käskynsä (Joh. 14:15). Tähän

prosessiin suostumalla ihminen muuttuu uudessa

luomuksessaan Kristuksen kuvan kaltaiseksi

olemaan täynnä rakkautta.

Arminiolainen tulkitsee, että uudestisyntynyt ja

pelastunut ihminen voi omalla tahdollaan luopua

uskostaan tai uskollisuudestaan ja siten menettää

lapsen asemansa ja siten myös pelastuksensa.

Kalvinisti tulkitsee, että ns. luopioita ei ole

olemassa. Henkilöitä, jotka eivät jatka uskossa

vaeltamisessa loppuun asti, ei kutsuta luopioiksi,

vaan valekristityiksi. Molemmat näkemykset ovat

ongelmallisia sen kanssa, mitä raamattu opettaa

uskovan pelastusvarmuudesta.

6.6 Ihmisen vapaasta tahdosta

Aatamilla ja Eevalla oli ennen lankeamista aidosti

vapaa tahto. He saattoivat olla kuuliaisia Jumalalle

tai olla olematta kuuliaisia. Lankeamisen jälkeen

heidän tahtonsa oli vangittuna. Sama koskee

Aatamin ja Eevan jälkeläisiä. Jumalan täytyi voittaa

ihmisen luottamus takaisin ja Hän maksoi siitä

kovan hinnan. Uskon kautta ihminen voi luottaa

Jumalaan ja tulla taas kuuliaiseksi Jumalan

tahdolle. Jumalan lunastustyön tähden ihmisellä

on taas mahdollisuus omata aidosti vapaa tahto.

7. Mitä Raamattu opettaa

pelastusvarmuudesta?

7.1 Rikkaruohovertaus

Olet istumassa etupihallasi. Ohikulkija pysähtyy

kohdallesi. Hän tarjoaa sinulle satamiljoonaa

euroa ja sanoo, että se on ilmainen lahja. Hän

pyytää sinua kitkemään takapihaltasi rikkaruohot.

Hän korostaa, että siitä hän ei maksa.

Satamiljoonaa euroa on ilmainen lahja. Hän sanoo

lähtevänsä pitkälle matkalle eikä tiedä tarkalleen

sanoa, koska tulee takaisin. Hän sanoo takaisin

tullessaan tarkistavansa, oletko kitkenyt

rikkaruohot takapihaltasi. Jos et ole, hän ottaa

antamansa lahjan takaisin.

Naapurisi istuu myös etupihallaan. Sama ohikulkija

pysähtyy myös hänen kohdallaan. Naapurillekin

tarjotaan satamiljoonaa euroa ilmaisena lahjana,

jota ei tarvitse maksaa takaisin. Naapurille

sanotaan, että olisi tosi hyvä juttu, jos kitkisit

rikkaruohot takapihaltasi. Naapurikin kuulee, että

ohikulkija on lähdössä pitkälle matkalle eikä saa

tarkkaa paluuaikatietoa. Naapurille ohikulkija

sanoo vielä, että kun hän palaa niin iloitaan sitten

yhdessä.

7.2 Rikkaruohovertauksen selitys

Sinun kohdallasi ohikulkija on

arminiolaisten/kalvinistien jumalakäsityksen

mukainen Jumala. Satamiljoonaa euroa on

pelastus. Rikkaruohojen kitkeminen on uskossa

pysymiskilvoittelua. Jos lankeat odottaessasi etkä

jonakin päivänä enää olekaan uskollinen, ottaa

Jumalasi pois antamansa pelastuksen.

Arminialaisten Jumala ottaa pois antamansa sata

miljoonaa ja Kalvinistien Jumala vaikuttaa

seteleihin siten, että muste häviää (eli et ollut alun

perinkään pelastunut).

Naapurisi kohdalla ohikulkija on ehdottoman

armon mukaisen jumalakäsityksen mukainen

Jumala. Satamiljoonaa euroa on pelastus, jota ei

tarvitse missään oloissa antaa takaisin.

Rikkaruohojen kitkeminen on täydellisestä

vapaudesta käsin olevaa uskollisuutta Jumalalle.

Kun Jumalasi palaa ja kohtaatte silmästä silmään,

voitte iloita yhdessä ja sen suurempi on riemu,

mitä uskollisempi olet hänen poissa ollessaan

ollut.

7.3 Pelastusvarmuuden ydinkohtia

"Tämän minä olen kirjoittanut teille, jotka uskotte

Jumalan Pojan nimeen, tietääksenne, että teillä on

iankaikkinen elämä" (1 Joh. 5:13). Sana

tietääksenne (ἵνα εἰδῆτε) on kirjoitettu perfektin

subjunktiivissa, jonka ilmaisun aikamuotovalinnan

voima tulee parhaiten esille, kun kohta luetaan

"Jotta voisitte olla pysyvästi ja varmasti tietoisia

siitä". Johanneksen evankeliumi on kirjoitettu,

jotta lukijat voisivat uskoa Jeesuksen olevan

Kristus, Jumalan Poika ja heillä sen vuoksi olisi

iankaikkinen elämä. Johanneksen 1. kirje on

kirjoitettu uskoville pelastusvarmuuden

vakuudeksi.

1) Olemme uudestisyntyneet hengessä

katoamattomasta siemenestä ja saaneet

voiman (oikeuden) tulla Jumalan lapsiksi

- 1 Piet 1:23 *Tehän olette*

uudestisyntyneet, ette katoavasta

siemenestä vaan

katoamattomasta, Jumalan

elävän ja pysyvän sanan kautta.

- Tiitus 3:5 *hän pelasti meidät, ei*

  vanhurskaudessa tekemiemme

  tekojen ansiosta vaan laupeutensa

  tähden uudestisyntymisen pesun

  ja Pyhän Hengen uudistuksen

  kautta.

- Joh 1:12 *Mutta kaikille, jotka*

  ottivat hänet vastaan, hän antoi

  oikeuden tulla Jumalan lapsiksi,

  niille, jotka uskovat hänen

  nimeensä.

2) Olemme ostetut synnin orjamarkkinoilta

kalliilla hinnalla ja emme ole enää

itsemme omat, vaan sen joka on meistä

kalliin hinnan maksanut

- 1 Kor 6:19-20 *Te ette ole itsenne*

  omat, teidät on kalliilla hinnalla

  ostettu.

- Apt 20:28 *...Herran seurakuntaa,*

  jonka Hän omalla verellään on

  itselleen hankkinut.

- Apt 27:23 *Tänä yönä näet*

  vieressäni seisoi sen Jumalan

  enkeli, jonka oma minä olen...

3) Emme ole enää lain alla, vaan armon alla

- Room 6:14 *Synti ei enää ole teidän hallitsijanne, koska te ette ole lain vaan armon alaisia.*

- Gal. 3:13 *Kristus lunasti meidät vapaaksi lain kirouksesta...*

- Gal. 3:24-25 *Näin laista on tullut meille kasvattaja Kristukseen, että me tulisimme vanhurskaiksi uskosta. Mutta uskon tultua emme enää ole kasvattajan alaisia.*

4) Meidät on uskoon tullessamme ja saatuamme Pyhän Hengen asumaan

meihin sinetöity Pyhän Hengen sinetillä

lunastuksen päivään asti

- Ef 1:13-14 *Hänessä on teihinkin,*
  sitten kun olitte kuulleet totuuden
  sanan, pelastuksenne
  evankeliumin, ja uskoneet sen,
  pantu sinetiksi luvattu Pyhä Henki,
  joka on meidän perintömme
  vakuutena hänen omaisuutensa
  lunastamiseksi, hänen
  kirkkautensa ylistykseksi.

- Ef 4:30 *Älkää tehkö murheelliseksi*
  Jumalan Pyhää Henkeä, joka on

annettu teille sinetiksi lunastuksen

päivää varten.

5) Olemme lupauksen lapsia, lupauksen, joka

perustuu Jumalan yksipuolisesti tekemään

ehdottomaan liittoon Abrahamin kanssa

- Gal 4:28 *Veljet, te olette*

 lupauksen lapsia, niin kuin Iisak

 oli.

- Gal 3:14 *Näin Abrahamin siunaus*

 tulee pakanoiden osaksi

 Kristuksessa Jeesuksessa, jotta me

 uskon kautta saisimme luvatun

 Hengen.

6) Jeesus itse sanoo, että Hän antaa meille

iankaikkisen elämän ja että me emme

ikinä joudu hukkaan, eikä kukaan ryöstä

heitä hänen kädestään saatikka Isän

kädestä

- Joh 10:28-29 *Minä annan heille*

  iankaikkisen elämän. He eivät

  ikinä joudu hukkaan, eikä kukaan

  ryöstä heitä minun kädestäni.

  Isäni, joka on antanut heidät

  minulle, on kaikkia muita

  suurempi, eikä kukaan voi ryöstää

  heitä Isäni kädestä.

7) Meidät on valittu jo ennen maailman

perustamista

- Ef 1:4 *Jo ennen maailman*

  perustamista hän valitsi meidät

  Kristuksessa olemaan pyhiä ja

  nuhteettomia hänen edessään.

- Room 8:29-30 *Sillä ne, jotka hän*

  on ennalta tuntenut, hän on myös

  ennalta määrännyt Poikansa

  kuvan kaltaisiksi, että hän olisi

  esikoinen monien veljien joukossa.

  Mutta ne, jotka hän on ennalta

  määrännyt, hän on myös

  kutsunut, ja ne, jotka hän on

kutsunut, hän on myös

vanhurskauttanut. Ja ne, jotka

hän on vanhurskauttanut, hän on

myös kirkastanut.

8) Mikään ei voi meitä erottaa Jumalan

rakkaudesta

- Room 8:38-39 *Olen näet varma*

  siitä, ettei kuolema eikä elämä,

  eivät enkelit eivätkä henkivallat, ei

  mikään nykyinen eikä mikään

  tuleva, eivät voimat, ei korkeus

  eikä syvyys eikä mikään muu luotu

  voi erottaa meitä Jumalan

  rakkaudesta, joka on Kristuksessa

Jeesuksessa, meidän

Herrassamme.

Arminiolainen vastaväittäjä voi varmasti sanoa

näihin kohtiin, että

- Niin, mutta jos minä ITSE tahdon luopua

  uskosta ja pelastuksesta, niin se on

  minulle mahdollista.

- En minä joudu taivaaseen ellen ITSE niin

  tahdo.

- Jos ihmiset joutuisivat taivaaseen, vaikka

  he ITSE haluaisivat helvettiin, niin taivas

  olisi vain turhautuneiden katedraali.

Mitä nämä väitteet tarkoittavat sitten

käytännössä? Jos vastaväittäjä on

johdonmukainen, hän uskoo myös, että

- hänen uudestisyntyminen

  katoamattomasta siemenestä voidaan

  peräyttää, *jos hän ITSE niin tahtoo,*

- ja se kallis hinta, jolla hänet ostettiin pois

  orjamarkkinoilta, voidaan ottaa takaisin,

  jos hän ITSE niin tahtoo,

- ja että Jumala on valmis muuttamaan

  ennen maailman alkua tekemäänsä

  valintaa, *jos hän ITSE niin tahtoo,*

- ja että Jumala antaa hänet itselle takaisin,

  jos hän ITSE niin tahtoo,

- ja että Jumala on valmis murtamaan

  Pyhän Hengen sinetin, *jos hän ITSE niin*

  tahtoo,

- ja että Jumala on valmis luopumaan

  yksipuolisesti tekemästään ehdottomasta

  liitosta meidän kanssamme, *jos hän ITSE*

  niin tahtoo,

- ja että Jeesus myöntää, että tuli

  luvanneeksi vähän liikoja ja suostuu

  päästämään hänet kädestään, *jos hän ITSE*

  niin tahtoo.

7.4 Jumalan päämäärä pelastusvarmuuden

argumenttina

Jumalan päämääränä on synnyttää meistä

Poikansa kaltaisia lapsia, olemaan täynnä

rakkautta ja totuutta. Miten Jumalan kannattaa

toimia, kun otetaan huomioon tämä päämäärä?

Jotta henkilö voisi rakastaa ehdoitta, hänen

itsensä täytyy olla täydellisen vapaa toimimaan

ilman hänelle asetettuja ehtoja. Kannattaako

Jumalan ottaa riski ja vapauttaa ihminen

ehdottomasti vai kannattaako Hänen asettaa

ihmiselle joitakin kuuliaisuusehtoja

uudestisyntymisen tai pelastumisen ehdoksi?

Ensimmäisessä tapauksessa on tietenkin

mahdollista, että ihminen käyttää vapauttaan

väärin eikä siten tuota kunniaa Jumalalleen.

Jälkimmäisessä tapauksessa Jumala ei voi

määritelmän mukaan edes saavuttaa tavoitettaan,

sillä siinä tapauksessa syntyy vain pakotettuun tai

ulkoiseen kuuliaisuuteen sitoutuvia lapsia.

7.5 Pelastusvarmuuden 7 vahvaa peruspilaria

- 1) Jumalan luonne

  - Jumala on TOTUUS, RAKKAUS ja

    PELASTAJA

  - Jumala ei voi kieltää itseään ja on

    asettanut itsensä Sanansa

    alapuolelle

    - 2 Tim 2:13 *Jos olemme*

      uskottomia, hän pysyy silti

uskollisena, sillä itseään

hän ei voi kieltää

- Ps 138:2 *Minä kumarrun*

  sinun pyhää temppeliäsi

  kohti ja kiitän sinun

  nimeäsi armosi ja

  totuutesi tähden, sillä sinä

  olet tehnyt nimesi ja

  sanasi suureksi yli kaiken.

- Jumala etsii ja pelastaa

  kadotettuja. Jumala ei hukuta

  niitä, jotka on pelastanut.

  - Ps 146:8 *Herra avaa*

    sokeiden silmät ja nostaa

pystyyn alas painetut.

Herra rakastaa

vanhurskaita.

- Room 14:4 *Mikä sinä olet*

  tuomitsemaan toisen

  palvelijaa? Oman

  isäntänsä edessä hän

  seisoo tai kaatuu – mutta

  kyllä hän pysyy pystyssä,

  sillä Herra kykenee

  pitämään hänet pystyssä.

- Joh 3:17 *Ei Jumala*

  lähettänyt Poikaansa

  maailmaan tuomitsemaan

maailmaa vaan sitä

varten, että maailma

pelastuisi hänen kauttaan.

- 2) Pelastus on armosta

  - Ei teoista tai saavutuksista

    - Ef. 2:8-9 *Armosta te olette*

      pelastettuja, uskon

      kautta, ette itsenne

      kautta – se on Jumalan

      lahja – ette tekojen

      kautta, ettei kukaan voisi

      kerskailla.

    - Room 3:22-24 *Tämä*

      Jumalan vanhurskaus

tulee uskosta Jeesukseen

Kristukseen kaikille, jotka

uskovat. Ei tässä ole

mitään erottelua, sillä

kaikki ovat tehneet syntiä

ja ovat Jumalan kirkkautta

vailla, mutta saavat

lahjaksi vanhurskauden

hänen armostaan sen

lunastuksen kautta, joka

on Jeesuksessa

Kristuksessa.

- Ilmainen lahja, ei voi menettää

eikä sisällä ehtoja

- 3) Pelastus pysyy voimassa armosta

  - Ef. 2:8-9 *olette pelastettuja ἐστε*

    σεσωσμένοι = perfektin passiivin

    partisiippi

  - Alkukielelle uskollinen käännös

    - Armosta te olette

      täydellisesti tulleet

      pelastuneiksi menneessä

      ajassa ja nykyisessä ajassa

      sen seurauksena te olette

      pelastuksen tilassa, mikä

      jatkuu ja pysyy läpi

      nykyisen ajan.

- Kaikkea muutakin

- Room 8:31-32 Mitä me

  siis tähän sanomme? Jos

  Jumala on meidän

  puolellamme, kuka voi

  olla meitä vastaan? Hän,

  joka ei säästänyt omaa

  Poikaansakaan vaan antoi

  hänet alttiiksi kaikkien

  meidän edestämme,

  kuinka hän ei lahjoittaisi

  meille kaikkea muutakin

  hänen kanssaan?

- Kertakaikkisella uhrilla pysyvästi täydellisiksi

  - Hepr 10:10,14 *Tämän tahdon perusteella meidät on pyhitetty Jeesuksen Kristuksen ruumiin uhrilla kertakaikkisesti... sillä hän on yhdellä ainoalla uhrilla tehnyt pysyvästi täydellisiksi ne, jotka pyhitetään.*

- 4) Jeesuksen lupaus

  - Minä en hukkaa ainoatakaan

- Joh 10:28-29 *Minä annan*
  heille iankaikkisen
  elämän. He eivät ikinä
  joudu hukkaan, eikä
  kukaan ryöstä heitä
  minun kädestäni. Isäni,
  joka on antanut heidät
  minulle, on kaikkia muita
  suurempi, eikä kukaan voi
  ryöstää heitä Isäni
  kädestä.

- Uskova ei joudu tuomittavaksi,
  hän on siirtynyt kuolemasta
  elämään

- Joh 5:24 *Totisesti, totisesti*

  minä sanon teille: joka

  kuulee minun sanani ja

  uskoo häneen, joka on

  minut lähettänyt, sillä on

  iankaikkinen elämä. Hän

  ei joudu tuomittavaksi,

  vaan hän on siirtynyt

  kuolemasta elämään.

- 5) Ennalta tehty valinta ja ennalta määräys

  - Jumala on valinnut meidät jo

    ennen maailman perustamista

    - Ef 1:4 *Jo ennen maailman*

      perustamista hän valitsi

meidät Kristuksessa

olemaan pyhiä ja

nuhteettomia hänen

edessään.

- Jumala on ennalta määrännyt

meidät tulemaan Kristuksen

kaltaisiksi

- Room 8:29-30 *Sillä ne,*

jotka hän on ennalta

tuntenut, hän on myös

ennalta määrännyt

Poikansa kuvan kaltaisiksi,

että hän olisi esikoinen

monien veljien joukossa.

Mutta ne, jotka hän on ennalta määrännyt, hän on myös kutsunut, ja ne, jotka hän on kutsunut, hän on myös vanhurskauttanut. Ja ne, jotka hän on vanhurskauttanut, hän on myös kirkastanut.

- 6) Pyhän Hengen teot

  - Pyhän Hengen sinetöinti

    - Ef 1:13-14 *Hänessä on teihinkin, sitten kun olitte kuulleet totuuden sanan, pelastuksenne*

evankeliumin, ja uskoneet

sen, pantu sinetiksi

luvattu Pyhä Henki, joka

on meidän perintömme

vakuutena hänen

omaisuutensa

lunastamiseksi, hänen

kirkkautensa ylistykseksi.

- Pyhä Henki uudesti synnyttää eikä

  sen peruuntumisesta ole

  mainintaa

- Pyhä Henki asuu meissä eikä lähde

  pois.

- Voimme murehduttaa
  Pyhän Hengen, mutta
  emme karkottaa.

- Pyhä Henki kastaa meidät
  Kristuksen ruumiiseen.

- 7) Sanan yksimielinen todistus

- Raamatussa ei ole missään
  mainittu, että uskon kautta
  uudestisyntynyt ja Jumalan
  lapseksi otettu ihminen, joka on
  saanut lahjaksi iankaikkisen
  elämän, voisi menettää lahjaksi
  saamansa iankaikkisen elämän,

Jumalan lapsen asemansa tai

uudestisyntymisensä.

7.6 Jeesuksen Kristuksen täytetty työ

Jeesus Kristus, joka on täysin Jumala ja täysin

ihminen, täytti äärettömällä pyhyydellään täysin

sen kuuliaisuuden vaatimuksen, jota muut ihmiset

eivät voineet täyttää, koska sen täyttäminen

edellytti ääretöntä pyhyyttä ja täydellisyyttä.

Jeesus pyhitti itsensä täydellisellä

kuuliaisuudellaan.

Kuinka paljon ihmisen pyhyyttä pitää lisätä

Jeesuksen äärettömään pyhyyteen, jotta ihminen

voisi pelastua (ja pysyä pelastuneena)? Jos jotakin

pitäisi lisätä, voisi ihminen saada aiheen kerskata.

Pelastus on kuitenkin armosta ja ilmainen lahja.

8. Pelastusvarmuuden puolustaminen eri Raamatun paikkojen valossa

8.1 Mitä on perusteltua syytä odottaa sananpaikalta, joka kumoaisi pelastusvarmuuden?

Pelastusvarmuus on perinteisesti ymmärretty

kalvinistisena ajatuksena, jossa pyhien

kestäväisyys (perseverance of the saints) on

kiveen hakattu oppi. Kalvinistit soveltavat

kuitenkin oppiansa väärin tulkitsemalla

mahdolliset luopiot sellaisiksi, jotka eivät alun

perinkään olleet valittuja. Arminiolaisilla on

pelastusvarmuuden kanssa ehkä vielä suurempia

ongelmia. Heillä epävarmuustekijän yhtälöön tuo

uskova itse, joka voi milloin tahansa luopua

seuraamasta Kristusta ja siten menettää

pelastuksensa. Kumpikaan kanta ei kuitenkaan ole

raamatullinen. Tutkitaan seuraavassa, mitä on

perusteltua syytä odottaa sananpaikalta, joka

kumoaisi pelastusvarmuuden.

Sananpaikassa tai niiden yhdistelmässä

esitettäisiin, että

- Uudestisyntyminen voidaan

  jossakin tilanteessa tehdä

  mitättömäksi

- Pyhän Hengen sinetti voidaan

  jossakin tilanteessa murtaa

- Jumalan lapsi voi lakata jossakin

  tilanteessa olemasta Jumalan lapsi

- Jeesus voi perua lupauksensa

  jonkun uskovan kohdalla jossakin

  tilanteessa ja päästää/hukata

  hänet kädestään

- Jumala voi jotenkin peräytyä

  Abrahamin kanssa tekemästään

  ehdottomasta liitosta, johon Hän

  on yksipuolisesti sitoutunut

- Jumala voi muuttaa mieltänsä ja

  perua jonkun uskovan kohdalla

jossakin tilanteessa ennen

maailman perustamista

tekemänsä ehdottoman valinnan

- Paavali selittäisi yksiselitteisesti,

että hän kirjoitti roomalaisille

virheellisesti ja korjaisi /

täsmentäisi lausumaansa siten,

että kyllä sittenkin joku luotu voi

erottaa uskovan Jumalan

rakkaudesta

8.2 Heprealaiskirje pelastusvarmuuden

näkökulmasta

Konteksti

Heprealaiskirjeen kirjoittaja on hyvin perillä

Israelin historiasta ja Vanhasta Testamentista.

Kirjoittaja näyttäisi olettavan, että niin ovat myös

kirjeen vastaanottajat. Kirjeen alussa kirjoittaja

asettaa kertomansa asiayhteyden viittauksilla

Vanhaan testamenttiin. Heprealaiskirjeen alussa

1:5-13 luodaan kirjeen konteksti Vanhaan

Testamenttiin

- Ps. 2:7 "Sinä olet minun poikani,

    tänä päivänä minä sinut synnytin."

- 2 Sam 7:14 "Minä olen oleva

    hänen isänsä, ja hän on oleva

    minun poikani."

- Ps 97:7 "Kumartukaa hänen

edessään, kaikki jumalat.

- Ps 104:4 "Hän tekee tuulet

sanansa saattajiksi, palvelijoikseen

tulenliekit.

- Ps 45:7-8 "Jumala, sinun

valtaistuimesi pysyy ikuisesti.

Sinun kuninkuutesi valtikka on

oikeuden valtikka. Sinä rakastat

vanhurskautta ja vihaat

laittomuutta. Sen vuoksi on

Jumala, sinun Jumalasi, voidellut

sinua iloöljyllä enemmän kuin

kumppaneitasi.

- Ps 102:26 "Muinoin sinä perustit maan, ja taivaat ovat sinun kättesi tekoja."

- Ps 110:1 "Istu minun oikealle puolelleni, kunnes minä panen vihollisesi sinun jalkojesi astinlaudaksi."

Heprealaiskirjeessä esille tuotuja käsitteitä on tulkittava ymmärtäen niiden asiayhteytenä Vanha testamentti. Mitä kirjeen kirjoittaja tarkoittaa käyttäessään termejä

- Pelastus

   - Hepr 2:3 kuinka me voisimme päästä pakoon, jos emme välitä tuosta niin suuresta pelastuksesta.

Ks myös 9:28.

- Lepo

  - Hepr 3:11 ja niin minä vihassani

    vannoin: "He eivät pääse minun

    lepooni." Ks. Myös 3:18-4:11.

- Perintö

  - Hepr 6:12 ettette veltostuisi vaan

    seuraisitte niitä, jotka uskon ja

    kärsivällisyyden kautta perivät

    sen, mikä on luvattu. Ks. Myös

    9:15

Pelastus Vanhassa testamentissa

- 1 Aik 11:14 "mutta Eleasar

  tovereineen asettui keskelle

  peltoa, sai sen pidettyä hallussaan

  ja voitti filistealaiset. Näin Herra

  antoi suuren voiton (pelastuksen).

- Neh. 9:27 "...suuren armosi

  tähden annoit heille vapauttajia

  (pelastajia), jotka vapauttivat

  (pelastivat) heidät ahdistajien

  käsistä."

- Ps. 3:8-9 "Nouse, Herra! Pelasta

  minut, Jumalani! Sinä lyöt kaikkia

  vihollisiani poskelle, sinä murskaat

  jumalattomien hampaat. Herrassa

on pelastus. Sinun siunauksesi on

kansasi yllä."

Pelastus tarkoittaa siis pelastumista vihollisen

vallalta.

Lepo Vanhassa Testamentissa

- 5 Moos 12:10 "Mutta te saatte

mennä Jordanin yli ja asua siinä

maassa, jonka Herra, teidän

Jumalanne, antaa teille

perinnöksi. Hän antaa teidän

päästä rauhaan (lepoon) kaikista

ympärillänne olevista vihollisista,

ja te saatte asua turvassa."

- Joos 21:43 "Niin Herra antoi
  Israelille koko sen maan, jonka
  hän oli vannonut antavansa
  heidän isilleen. He ottivat sen
  omakseen ja asettuivat siihen
  asumaan. Herra antoi heidän
  päästä rauhaan (lepoon)
  kaikkialla, aivan niin kuin hän
  valalla vannoen oli luvannut
  heidän isilleen. Yksikään heidän
  vihollisistaan ei kestänyt heidän
  edessään, vaan Herra antoi kaikki
  heidän vihollisensa heidän
  käsiinsä."

- 5 Moos 25:19 "Herra, sinun
  Jumalasi, antaa sinun päästä
  rauhaan (lepoon) kaikista
  ympärilläsi olevista vihollisista
  siinä maassa, jonka hän antaa
  sinulle perintöosaksi ja
  omaisuudeksi."

Lepo tarkoittaa vapautumista vihollisten vallasta.

Perintö

- 5 Moos 26:1 "Kun tulet siihen
  maahan, jonka Herra, sinun
  Jumalasi, antaa sinulle
  perintöosaksi, ja sinä otat sen

omaksesi ja asetut asumaan

siihen,"

- Ks. Myös 5 Moos 25:19 ja Joos
  21:43 (edellä).

Perintö tarkoittaa maan hallitsemista ja

hallintavallan saamista.

Puhuttaessa tässä yhteydessä pelastuksesta ja

levosta ja perinnöstä ei ole kysymys iankaikkisesta

pelastumisesta iankaikkiseen elämään ja

taivaaseen pääsemisestä vaan pelastumisesta

vihollisen vallan alta eli synnin voimalta ja

hallintavallan palauttamisesta.

Pelastuminen voidaan jakaa neljään kategoriaan:

- Pelastuminen synnin

  rangaistukselta eli vanhurskautus

- Pelastuminen synnin voimalta eli

  pyhitys

- Pelastus synnin läsnäololta eli

  kirkastuminen

- Pelastus ehdonalaiselta synnin

  tuomiolta eli hallintavallan

  palautus

Käydään lävitse seuraavaksi varoitukset kirjeen

vastaanottajina oleville messiaanisille juutalaisille.

Tarkoituksena ei ole tässä yhteydessä tehdä näistä

sananpaikoista tarkkaa eksegeesiä, vaan antaa

vain asiayhteyteen sopiva tulkintavaihtoehto

varoituksille, joita on usein siteerattu, kun on

haluttu hyökätä pelastusvarmuutta vastaan.

Ensimmäinen varoitus

- Hepr. 3:12 *Varokaa, veljet, ettei*

  vain kenelläkään teistä ole paha,

  epäuskoinen sydän, niin että hän

  luopuu elävästä Jumalasta.

- Hepr. 3:19 *Näemme siis, että*

  epäuskon tähden he eivät voineet

  päästä siihen lepoon.

- Hepr. 4:1 *Varokaamme siis, ettei*

  kenenkään teistä havaittaisi

  jääneen taipaleelle, sillä lupaus

päästä hänen lepoonsa on yhä

voimassa.

Kysymys: Mikä on tämä lepo, johon tässä

viitataan? Onko kysymyksessä iankaikkinen

pelastus kadotustuomiolta vai jokin ihan muu?

Asiayhteys vastaa tähän kysymykseen. Kysymys on

vapautumisesta vihollisen vallan alta eli synnin

voimalta. Kysymys ei ole vanhurskautumisesta

Jumalan edessä, joka tapahtuu yksin uskon kautta,

vaan pyhittymisestä, jossa kysytään myös

uskollisuutta.

Toinen varoitus

- Hepr. 6:4 *Mahdotontahan on*

  uudistaa parannukseen niitä, jotka

kerran ovat päässeet valoon,

maistaneet taivaallista lahjaa ja

tulleet osallisiksi Pyhästä

Hengestä, maistaneet Jumalan

hyvää sanaa ja tulevan

maailmanajan voimia, mutta ovat

luopuneet. He näet itse uudestaan

ristiinnaulitsevat Jumalan Pojan ja

häpäisevät häntä julkisesti.

Tarkoittaako parannukseen uudistaminen tässä

sitä, että uskova on menettänyt pelastuksensa, ja

tarvitsee sen takaisin, mutta se on mahdotonta?

Missä parannuksenteko (*metanoia* eli

mielenmuutos) on kytketty pelastukseen? Voisiko

tarkoittaa vain kuitenkin sitä, että on kovin

vaikeata (*adynateo*) muuttaa mieltään takaisin

Jumalan mielen mukaiseksi sen jälkeen, kun on

kerran jo elänyt uskossa vaeltaen ja sitten

luopunut ja palannut maailmaan?

Kolmas varoitus

- Hepr. 10:26-31 *Jos me*

  tahallamme jatkamme synnin

  tekemistä päästyämme

  tuntemaan totuuden, ei ole enää

  uhria meidän syntiemme tähden

  vaan kauhea tuomion odotus ja

  tulen kiivaus, joka syö vastustajat.

  Joka hylkää Mooseksen lain, sen

on armotta kuoltava kahden tai

kolmen todistajan sanan nojalla.

Kuinka paljon ankaramman

rangaistuksen ansaitseekaan

mielestänne se, joka tallaa

jalkoihinsa Jumalan Pojan, pitää

epäpyhänä liiton veren, jossa

hänet on pyhitetty, ja pilkkaa

armon Henkeä! Mehän tunnemme

hänet, joka on sanonut: "Minun

on kosto, minä olen maksava", ja

vielä: "Herra on tuomitseva

kansansa." Kauhistuttavaa on

langeta elävän Jumalan käsiin.

Onko fyysistä kuolemaa ankarampi rangaistus

tässä välttämättä iankaikkinen kadotustuomio?

Voitaisiinko tässä viitata kirjeen vastaanottajissa

oleviin juutalaistajiin, jotka ovat palaamassa

vanhan liiton uhrijärjestelmään eivätkä pane

luottamusta Kristuksen antamaan kertakaikkiseen

pysyvästi täydelliseksi tekevään uhriin?

Tahalliselle synnille ei ollut uhria vanhassa liitossa

(4. Moos. 15:30). Voisiko fyysistä kuolemaa

ankarampi rangaistus olla esimerkiksi Val. 4:9-10?

Neljäs varoitus

- Hepr. 10:38-39 *Minun*

   vanhurskaani elää uskossa, mutta

   jos hän vetäytyy pois, ei minun

sieluni mielly häneen. Me emme

ole kuitenkaan niitä, jotka

vetäytyvät pois ja joutuvat

kadotukseen, vaan niitä, jotka

uskovat sielunsa pelastukseksi.

Mikä on tämä kadotus (*apoleia* = tuho, hukkaan

mennyt)? UT käyttää 18 kertaa, yleisimmin

merkityksessä tuho tai kadotus, myös haaskaus

(Matt. 26:8). VT (LXX sis. myös apokryfit), jonka

kontekstiin kirje on sidottu, käyttää sanaa 123

kertaa, yleisimmin merkityksessä olla hukassa

(esim. 2 Ms 22:8, 3 Ms 5:22-23, 5 Ms 22:3) tai

menettää hallitsemansa maa-alue (esim. 5 Ms

4:26) tai fyysinen kuolema (esim. 4 Ms 20:3).

Voisiko olla kysymyksessä asiayhteyden vuoksi

jokin VT:n antama merkitys eikä iankaikkinen

kadotus? Asiayhteydessä (10:36) puhutaan

luvatun saamisesta, jos täyttää Jumalan tahdon.

Voisiko tuo luvattu olla hallintavallan

palauttaminen eli hallintavalta yhdessä Kristuksen

kanssa? Näin tuo kadotus (apoleia) voisi olla

jäämistä ilman hallintavaltaa eli joutumista siinä

mielessä hukkaan. Mikä on tämä sielu (psyche =

elämä, sielu), joka tässä pelastuu (peripoiesis =

säilyy, pitää itsellä)? Voisiko olla kysymys elämän

löytämisestä Jumalan tahdon täyttämällä ja siten

sen säilyttämisestä luvattuun tarkoitukseen eli

perintöön eli hallintavaltaan? Mitä on tämä sieluni

mieltyminen (*eudokei* = olla hyvin tyytyväinen,

nauttia, iloita)? Voiko tämän tulkita siten, että jos

Kristus ei ole hyvin tyytyväinen sinuun tai nauti tai

iloitse sinusta, ei hän mielisty sinuun eli osasi on

iankaikkinen kadotus? Voisiko ajatella, että

seuraus mieltymättä jäämisestä olisi jokin

vähemmän radikaali, kuten hallintavallan

menettäminen ja siten luvatun saamatta

jääminen?

Viides varoitus

- Hepr 12:14 *Pyrkikää rauhaan*

  kaikkien kanssa ja pyhitykseen,

  sillä ilman sitä ei kukaan ole

  näkevä Herraa.

- Hepr 12:25 *Katsokaa, ettette torju*

luotanne häntä, joka puhuu. Jos

kerran isät eivät päässeet pakoon

torjuessaan luotaan hänet, joka

ilmoitti Jumalan tahdon maan

päällä, vielä vähemmän

pääsemme pakoon me, jos

käännymme pois hänestä, joka

ilmoittaa sen taivaasta.

Mitä tarkoittaa, että ei ole näkevä (*horao*) Herraa?

Sanaa käytetään usein myös kuvaamaan läheistä

suhdetta. Vaihtoehtoinen tulkinta, että se, joka ei

ole pyhä ja elä pyhää elämää, joutuu kadotukseen,

on mahdoton tulkinta, koska silloin kaikki

joutuisivat kadotukseen. Mitä tarkoittaa, että ei

pääse pakoon? Pakoon helvetin tuomiota vai

Jumalan kuritusta? Koskee myös kirjeen

kirjoittajaa.

Koko luvulla 12 puhutellaan selvästi uskovia ja

rohkaistaan heitä kasvamaan uskossa

- 1-4 Juoskaamme kestävinä

  kilpailussa välittämästä syntisten

  vastustuksesta

- 5-9 Älkää lannistuko Jumalan

  kurituksesta, sillä niitä Jumala

  kurittaa, joita Hän rakastaa

- 10-11 Kurituksen tarkoitus on

  pyhittyminen

- 12-14 Jumalan pyhityksen tiellä

  jatkaminen kannattaa, palkintona

  on läheinen suhde Jumalan kanssa

- 15-17 Ei saa hylätä pyhittymistä ja

  tulla saastuneeksi

- 18-29 He ovat tulleet pyhyyteen

  Uuden liiton kautta, joka on

  suurempi kuin Vanha liitto.

Tekstiä ei ole mielekästä tulkita siten, että

Jumalan rakkaus olisi ehdollista siten, että ellei

uskova, jota Jumala rakastaa kuin lastaan,

pyhittyisi, Hän joutuisi kadotukseen. Pelastuminen

ja pyhittyminen on tässäkin kohden erotettava

toisistaan. Arminiolainen yhdistää pelastumisen ja

pyhittymisen ja kuvaa pelastumista elinikäisenä

prosessina. Tätä on kuitenkin vaikeata liittää

yhteen sen kanssa, mitä kirjoitettiin edellä

raamatun opettavan pelastusvarmuudesta.

Pelastuminen on nähtävä kertakaikkisena ja

Jumalan edeltä näkemänä tapahtumana, jolloin

Kristuksen vanhurskaus luetaan pelastuneen ylle

ja pyhittyminen on uskovan elämänikäinen

prosessi.

8.3 Eri sananpaikkoja, joita on nostettu pelastusvarmuutta vastaan

Uskosta luopuminen

1 Tim 4:1-2 *"Henki sanoo selvästi, että viimeisinä*

aikoina jotkut luopuvat uskosta ja seuraavat

eksyttäviä henkiä ja riivaajien oppeja tekopyhien

valehtelijoiden vaikutuksesta, joiden omatunto on

merkitty poltinraudalla."

Pitääkö tätä jaetta lukea siten, että uskosta

luopuminen ja siten myös pelastumisesta

luopuminen on mahdollista? Asiayhteydessä on

kysymys lain alle menemisestä (jae 3). Jotta tämän

jakeen voisi tulkita puhuvan pelastuksen

menettämisestä, siinä pitäisi olla myös otettuna

kantaa lapsen aseman menettämiseen,

uudestisyntymisen peräyttämiseen, Pyhän Hengen

sinetin murtamiseen ja moniin muihin edellä

mainittuihin asioihin liittyen pelastuksen

pysyvyyden varmuuteen.

Synti kuolemaksi

1 Joh 5:16 *"Jos joku näkee veljensä tekevän syntiä,*

joka ei ole kuolemaksi, rukoilkoon, ja Jumala on

antava hänelle elämän, niille nimittäin, jotka eivät

tee syntiä kuolemaksi. On myös syntiä, joka on

kuolemaksi. Siitä en sano, että olisi rukoiltava."

Asiayhteydessä kysymys on rukoilemisesta. Jumala

kurittaa lapsiaan ja yksi kurituksen muoto on synti

fyysiseksi kuolemaksi. Johannes sanoo tässä, että

voi olla turha rukoilla sellaisen puolesta. Jos olisi

kysymys toisesta kuolemasta eli iankaikkisesta

kadotustuomiosta, olisi tämä ristiriidassa aika

monen paikan kanssa, joissa sanotaan, että kaikki

synnit on sovitettu.

Pysyminen Kristuksessa

Joh 15:6 *"Jos joku ei pysy minussa, hänet*

heitetään pois kuin oksa – ja se kuivettuu. Kuivat

oksat kootaan yhteen, heitetään tuleen ja

poltetaan."

Pysyä ei tarkoita uskoa. Jakeessa 2 ei

karsita/leikata oksia, vaan nostetaan (*airo*).

Polttaminen viittaa tarpeettomien tekojen

polttamiseen Beemalla eli Kristuksen

tuomioistuimella. Pysymällä Kristuksessa kantaa

hedelmää eli tekee tarpeellisia tekoja, sillä ilman

Kristusta ei mitään voi tehdä (5). Te olette jo

puhtaat (3). Ei Jeesus ole huolissaan siitä, että

jatkavatko opetuslapset uskomista siihen, minkä

omasta kokemuksestaan tietävät todeksi. Hän on

huolissaan siitä, että he jaksavat elää uskonsa

mukaisesti maailmassa, joka vihaa heitä.

Valtakunnan periminen

1 Kor 6:9-10 *"Ettekö tiedä, etteivät*

vääryydentekijät peri Jumalan valtakuntaa? Älkää

eksykö. Eivät haureelliset,..., peri Jumalan

valtakuntaa."

Gal 5:21 *"Sanon teille etukäteen, kuten ennenkin*

olen sanonut, että ne, jotka tällaista tekevät, eivät

peri Jumalan valtakuntaa."

Ef 5:5 *"Tehän tiedätte hyvin, ettei yhdelläkään*

haureellisella eikä saastaisella ole perintöosaa

Kristuksen ja Jumalan valtakunnassa, ei myöskään

ahneella, sillä hän on epäjumalanpalvelija."

Paavali puhuu uskoville ja varoittaa heitä

käyttäytymästä niin kuin ei-uskovat, mikä ei sovi

heidän uudelle asemalleen Kristuksessa. Miksi ette

anna riistää itseltänne ja kärsi vääryyttä (7)?

Jumalan valtakunnan periminen on sekä

pääsemistä valtakuntaan että sen tuomien etujen

nauttimista. Kysymys ei ole uskovan pelastuksesta

tai sen menettämisestä

Hylätyksi tulemisen pelko

1 Kor 9:27 *"vaan suuntaan lyönnit omaan*

ruumiiseeni ja alistan sen tottelemaan, etten

minä, joka muille saarnaan, itse joutuisi hylätyksi."

Hylätyksi *adokimos* tulemista ei ole koskaan

käytetty viittamaan siihen, että ei pääsisi

taivaaseen. Pelastus ei ole palkinto, sillä palkinto

ansaitaan. Hylätyksi tuleminen liittyy palkinnon

menettämiseen, ei pelastuksen menettämiseen

Evankeliumista kiinnipitäminen

1 Kor 15:2 *"Sen kautta te myös pelastutte, jos*

pidätte kiinni siitä sellaisena kuin minä sen teille

julistin. Muuten olette aivan turhaan uskoneet."

Korinttilaiset ovat pelastuneet synnin tuomiolta

(1). Jotta he voisivat pelastua synnin voimalta,

heidän täytyy pitää kiinni oikeasta evankeliumista.

Jos olemme panneet toivomme Kristukseen vain

tämän elämän ajaksi, olemme kaikista ihmisistä

surkuteltavimpia (19). Jos ette usko

ylösnousemukseen, on uskonne turha ja elätte

edelleen synnin voiman alla (17)

Uskossa on pysyttävä

Kol 1:23 *"Teidän on vain pysyttävä uskossa, siihen*

perustuneina ja siinä lujina, horjahtamatta pois

sen evankeliumin toivosta, jonka olette kuulleet.

Tämä evankeliumi on julistettu koko

luomakunnassa taivaan alla, ja sen palvelija

minusta, Paavalista, on tullut."

Paavali haluaa asettaa jokaisen ihmisen Jumalan

eteen täydellisenä (28). Meidät tullaan arvioimaan

beemalla eli Kristuksen tuomioistuimella, jonne

kaikki uudestisyntyneet tulevat, elämämme ja

vaelluksemme mukaan, ei pelastuksemme

mukaan (Rm 14:10,12). Kysymys on siis

progressiivisesta pyhittymisestä, ei pelastuksesta

iankaikkiselta kadotustuomiolta.

Lankeaminen pois armosta

Gal 5:4 *"Te olette joutuneet eroon Kristuksesta, te,*

jotka yritätte lain avulla tulla vanhurskaiksi. Te

olette langenneet pois armosta."

Galatalaisten ongelma oli vähän sama kuin

kalvinistien/arminialaisten. He olivat alkaneet

identifioitumaan orjan asemaan lapseuden ja

vapauden asemasta. He olivat alkaneet

täyttämään lakia, jonka alla he eivät enää olleet ja

siten langenneet pois armosta.

Kristuksen kieltäminen

2 Tim 2:12 *"Jos kestämme, saamme myös hallita*

hänen kanssaan. Jos kiellämme hänet, myös hän

on kieltävä meidät."

Kysymys on asiayhteydessä hallinnasta. Itseään

hän ei kuitenkaan voi kieltää, eli hän pysyy

uskollisena ehdottomille lupauksilleen, vaikka me

olisimme uskottomat.

Kuollut usko

Jaak 2:17 *"Samoin uskokin, jos sillä ei ole tekoja,*

on itsessään kuollut."

Kuollut ei tarkoita ei uskoa. Se tarkoittaa, että

usko on hyödytön eikä palvele sen tarkoitusta.

Asiayhteydessä on kysymys Kristuksen

tuomioistuimen eteen joutumisesta, (12) jossa

tuomitaan vapauden lain mukaan. Vapauden lain

alla elävät ovat vapautettu lain alta ja ovat armon

alla (Rm 6:4). Jumala ei näe enää heidän

syntejänsä, vaan Poikansa veren.

Eksynyt voidaan pelastaa kuolemasta

Jaak 5:19-20 *"Veljeni, jos joku teistä eksyy*

totuudesta ja toinen saa hänet palaamaan

takaisin, niin tietäkää, että se, joka palauttaa

syntisen hänen harhateiltään, pelastaa hänen

sielunsa kuolemasta ja peittää syntien paljouden."

Parempi käännös *psuche* tässä kontekstissa on

elämänsä, ei sielunsa. Kuolema on eroa Jumalan

yhteydestä, ja jopa fyysinen kuolema. Syntien

paljous, joka voisi vahingoittaa eksynyttä ja toisia,

voidaan näin välttää.

Lankeamisen välttely

2 Piet 1:10-11 *"Pyrkikää sen tähden, veljet, yhä*

innokkaammin tekemään kutsumisenne ja

valintanne lujaksi. Jos näin teette, ette koskaan

lankea, ja niin teille runsaskätisesti tarjotaan

pääsy meidän Herramme ja vapahtajamme

Jeesuksen Kristuksen iankaikkiseen valtakuntaan."

Lujaksi (*bebaos*) todisteelliseksi, muille näkyväksi.

Jakeiden 1-9 perusteella ei kirjeen lukijoilla ollut

epäselvyyttä heidän pysyvästä asemastaan

Kristuksessa. Kysymyksessä on palkittuna

(runsaskätisesti) pääsy iankaikkiseen valtakuntaan.

Voittajia ei pyyhitä elämän kirjasta

Ilm 3:5 *"Se, joka voittaa, puetaan siis valkoisiin*

vaatteisiin, enkä minä pyyhi pois hänen nimeään

elämän kirjasta, ja minä tunnustan hänen nimensä

Isäni edessä ja hänen enkeliensä edessä."

Lupauksen tarkoitus on rohkaisu, ei uhkaus.

Valkoiset vaatteet viittaavat vanhurskaisiin

tekoihin (19:8,14). Tunnustaminen Isän edessä on

palkitsevaa kehumista, ei viittaa pelastumiseen

Voittajan osuus ilmestyskirjan lupauksissa

Saa syödä elämän puusta (2:7). Ei tule toisen

kuoleman vahingoittamiksi (2:11) eli heillä on

vahva vakuutus iankaikkisesta

pelastusvarmuudesta. Saavat kätkettyä mannaa ja

valkoisen kiven (2:17). Saavan vallan hallita

kansakuntia ja aamutähden (2:26-28). Saavat

valkoiset vaatteet ja kunnian Jumalan edessä

uskollisina voittajina (3:5). Tulevat pylväiksi

Jumalan temppeliin. Läheisyyttä Jumalan kanssa

(3:12). Tulevat hallitsemaan yhdessä Kristuksen

kanssa (3:21). Nämä puhuvat etuoikeuksista, ei

pelkästään pelastuksesta.

Valehteleminen Pyhälle Hengelle

Apt. 5:5 *"Kun Ananias kuuli nämä sanat, hän*

kaatui maahan ja heitti henkensä, ja suuri pelko

valtasi kaikki, jotka sen kuulivat. Apt 5:10 *"Nainen*

kaatui heti hänen jalkojensa juureen ja heitti

henkensä."

Kysymys on Jumalan kurituksesta fyysiseksi

kuolemaksi. Ei kysymys iankaikkisesta

pelastumisesta.

Taivaallisen Isän tahdon tekijät pääsevät

valtakuntaan

Matt 7:21,23 *"Ei jokainen, joka sanoo minulle:*

Herra, Herra, pääse taivasten valtakuntaan, vaan

se, joka tekee minun taivaallisen Isäni tahdon."

"Minä en ole koskaan tuntenut teitä. Menkää pois

minun luotani, te laittomuuden tekijät."

Kysymys on uskovista. Taivasten valtakuntaan

pääseminen on pääsemistä elämään valtakunnan

elämää opetuslapsena. En ole koskaan tuntenut

kääntyy paremmin sanalla hyväksynyt tässä

kontekstissa. 1 Kor 8:3 Mutta jos joku rakastaa

Jumalaa, hänet Jumala tuntee. Ovat taivasten

valtakunnassa, mutta eivät hallitse yhdessä

Kristuksen kanssa.

Käyttäydy lapseuden mukaisesti

Matt 5:44-45 *"Mutta minä sanon teille:*

rakastakaa vihamiehiänne ja rukoilkaa niiden

puolesta, jotka vainoavat teitä, että olisitte

taivaallisen Isänne lapsia." Matt. 5:48 *"Olkaa siis*

täydellisiä, niin kuin teidän taivaallinen Isänne on

täydellinen."

Jos kerran olette taivaallisen Isänne lapsia,

käyttäytykää sen mukaisesti ja rakastakaa

vihamiehiänne ja olkaa täydellisiä. Kysymys ei ole

pelastuksen edellytyksistä, vaan odotetuista

seurauksista.

Anteeksiantamisesta

Matt 6:15 *"Mutta jos te ette anna ihmisille*

anteeksi, ei myöskään teidän Isänne anna anteeksi

teidän rikkomuksianne,"

On kahdenlaista anteeksiantamista

1) Anteeksianto, joka liittyy kertakaikkiseen

   vanhurskautukseen. Room 4:7-8 Autuaat

   ne, joiden rikokset on anteeksi annettu ja

   joiden synnit on peitetty. Autuas se mies,

   jolle Herra ei lue syntiä.

2) Anteeksianto, joka liittyy ajalliseen

   yhteyteemme Jumalan kanssa.

Parannuksentekeminen 2 Kor 7:10, Ilm 2:5

on tarpeen, tunnustaminen on tarpeen 1

Joh 1:9 yhteyden palauttamiseksi. Ks.

myös Joh 13:8-10 Jeesus sanoo Pietarille,

jos en pese jalkojasi, sinulla ei ole osaa

minun kanssani. Kysymys on yhteydestä.

Kylpenyt viittaa pelastuneeseen.

Kristukselle kelvollinen

Matt 10:38 *"Joka ei ota ristiään ja seuraa minua,*

ei ole minulle kelvollinen."

Eli ei kelpaa hallitsemaan yhdessä Kristuksen

kanssa. Ei ole kysymys pelastuksesta.

Viettelysten vanki

Matt 18:9 *"Ja jos silmäsi viettelee sinua, repäise se*

irti ja heitä pois. Sinulle on parempi, että

silmäpuolena pääset sisälle elämään, kuin että

sinut molemmat silmät tallella heitetään helvetin

tuleen."

Kukaan ei mene silmäpuolena taivaaseen.

Elämään sisään pääseminen on pääsemistä

rikkaaseen opetuslapseuselämään. Helvetti =

Gehenna = Ben-Hinnomin laakso (Jer 7:31), jossa

pantiin täytäntöön VT:n aikana ajallisia tuomioita

ja jossa ruumiit paloivat kaikki päivät ja yöt.

9. Loppupäätelmä

Ihminen pelastuu yksin Jumalan tahdosta ja

armosta yksin uskon kautta. Jumala näkee ennalta

ihmisen uskon, suuren tai pienen, ja uudesti

synnyttää tämän uskoontulon hetkellä ja antaa

voiman tulla Jumalan lapseksi. Kerran uudesti

syntynyt ja Jumalan lapseksi tullut ei voi menettää

tätä asemaa, vaan hän voi olla ja hänen on myös

tärkeätä olla varma asemastaan Jumalan lapsena.

Vain lapseudestaan varma voi vaeltaa

täydellisessä vapaudessa ja vapauden täydellisen

lain mukaan (Jaak 1:25).

Tämän kirjan kirjoittajan vaatimattomana

tarkoituksena on korjata kalvinistinen ja

arminiolainen (ja miksei myös katolinen ja

luterilainen) oppi pelastuksesta. Raamatullisen

pelastusopin rakentamisessa on tärkeätä

ymmärtää Jumalan armo samalla tavoin kuin

alussa kuningattaren armahtavaisuuteen

luottanut merirosvopäällikkö sen ymmärsi.

Jumalan pelastava armo ei aseta saajalleen ehtoja.

Pelastus on ilmainen lahja. Se ei vaadi ihmiseltä

tekoja, vain uskoa. Ja usko ei ole teko.

Kalvinistisen ja arminiolaisen (ja miksei myös

katolisen ja luterilaisen) pelastusopin kannalta on

ongelmallista, että usko on tulkittu teoksi eli

ihmisen tahdonalaiseksi asiaksi. Tämän vuoksi on

syntynyt yhteen sovittamattomasti erilaisia

pelastusoppeja, joilla on yritetty sovittaa Jumalan

suvereenisuuden ja ihmisen vapaan tahdon

paradoksi. Ongelma ratkeaa kuitenkin sillä, että

ymmärretään usko tässä kirjassa esitetyllä tavoin

ihmisen mielessä olevana todellisuuskäsityksenä

eikä tahdon alaisena asiana. Näin pelastus

perustuu yksin Jumalan yksipuoliseen tahtoon ja

ihmisen osuudeksi jää ainoastaan usko.

Reformaation viisi solaa voidaan vielä pysyttää,

kunhan ymmärretään uskon ja armon käsitteet

oikein.

Tässä kirjassa on otettu myös kantaa pelastuksen

jälkeiseen kristityn vaellukseen opetuslapsena.

Tämä perustuu ihmisen tahtoon ottaa joka päivä

ristinsä ja seurata Kristusta. Näitä kahta asiaa ei

saa kuitenkaan sekoittaa keskenään.

Opetuslapsena vaeltaminen tulee mahdolliseksi

vasta täydellisesti vapautetulle Jumalan lapselle.

Uskollisuudella on ajallista ja iankaikkista

merkitystä ja seuraukset. Syy siihen, miksi

uskollisuuteen on otettu kantaa tässä

pelastusoppia käsittelevässä kirjassa, on siinä, että

kalvinistisessa ja arminiolaisessa traditiossa usko

ja uskollisuus on usein sekoitettu keskenään.

Tämä johtaa väistämättä lakihenkiseen raamatun

tulkintaan.